50개 명언 필사로 완성하는

아름다운 영어 필기체

시원스쿨 지음

S 시원스쿨닷컴

50개 명언 필사로 완성하는
아름다운 영어 필기체

초판 1쇄 발행 2025년 4월 7일

지은이 시원스쿨
펴낸곳 (주)에스제이더블유인터내셔널
펴낸이 양홍걸 이시원

홈페이지 www.siwonschool.com
주소 서울시 영등포구 영신로 166 시원스쿨
교재 구입 문의 02)2014-8151
고객센터 02)6409-0878

ISBN 979-11-6150-957-0 13740
Number 1-120101-31313100-06

이 책은 저작권법에 따라 보호받는 저작물이므로 무단복제와 무단전재를 금합니다. 이 책 내용의 전부 또는 일부를 이용하려면 반드시 저작권자와 ㈜에스제이더블유인터내셔널의 서면 동의를 받아야 합니다.

50개 명언 필사로

내 손끝에서

자연스레 피어나는

아름다운 영어 필기체

Welcome. 환영합니다.

**아름다운
영어 필기체**가
손에 착! 붙는
50개 영어 명언 필사 노트의
첫 장을 펼치신 여러분,
진심으로 환영합니다.

You alone are enough. You have nothing to prove to anybody. You are not a drop in the ocean. You are the entire ocean in a drop. If you want to fly, you have to give up the things that weigh you down. The way you treat yourself sets the standard for others. The most important thing is to be whatever you are without shame. Don't tell me the sky's the limit when there are footprints on the moon. The only way to do great work is to love what you do.

'자존감, 꿈, 사랑, 우정, 희망, 행복, 용기, 자유, 정의, 인생'
우리 삶에 있어 매우 중요한 10가지 가치들에 대한
인생 영어 명언 50개를 필기체로 필사하며
영어 필기체를 손에 착! 붙이는 동시에
삶의 지혜까지 얻어갈 수 있는
일석이조의 영어 명언 필사.

이 영어 명언 필사 노트의 첫 장을 펼치신 여러분은 바로
일석이조의 현명한 여정을 시작하게 된 것입니다.
50개 명언 필사를 마치고 이 노트를 덮을 때쯤
여러분의 손끝엔 멋진 영어 필기체가
아름답게 피어나 있을 것입니다.
자, 그럼 이제 준비되셨나요?

Let's go!

Success is the sum of small efforts, repeated day in and day out. Do something today that your future self will thank you for. Dream as if you'll live forever. Live as if you'll die today. Love is composed of a single soul inhabiting two bodies. True love begins when nothing is looked for in return. Love will find a way through paths where wolves fear to prey. Love is the only force capable of transforming an enemy into a friend. In the end, the love you take is equal to the love you make.

Features 구성 & 활용법

1. 영어 알파벳과 단어, 문장을 필기체로 써 보는 '영어 필기체 연습 섹션' 수록

명언 50개를 필기체로 필사하기에 앞서 영어 알파벳 26개를 필기체로 쓰는 연습을 하는 동시에 영어 단어와 문장도 필기체로 써 보며 필기체의 기본기부터 다집니다.

2 필기체로 필사할 '영어 명언 50개'를 아름다운 글귀와 함께 소개

필기체 연습을 끝내고 나면 필기체로 필사할 영어 명언 50개가 소개됩니다. 각 명언은 2페이지에 걸쳐 필사할 수 있도록 되어 있으며, 음원 QR코드와 아름다운 글귀가 함께 수록돼 있어 명언을 직접 들으면서 더욱 깊이 있는 필사를 할 수 있습니다.

---

01 20 년 월 일

영어 명언 50 필사

You alone are enough.
You have nothing to prove to anybody.

- Maya Angelou -

You alone are enough.
You have nothing to prove to anybody.
- Maya Angelou -

당신은 그 자체로 충분하다.
누구에게도 당신을 증명할 필요는 없다.
- 마야 안젤루 -

> '필기체'로 쓰인 영어 명언이 큼지막하게 제시됩니다.

> '정자체'로 쓰인 영어 명언을 한글 해석과 함께 보여 줍니다. 좌측엔 음원 QR코드가 있어 원어민의 음성으로 명언을 들어볼 수 있습니다.

세상이 끊임없이 '더 나아가라, 증명하라' 외치지만
우리는 있는 그대로의 모습으로도
완전하고 가치 있는 존재입니다.
스스로를 사랑하고, 내면의 소리에 귀 기울이며
이렇게 속삭여 보세요. "나는 나로서 충분해."
그 한 마디가 당신의 세상을 더욱 밝게 비출 것입니다.

> 명언에 대한 아름답고 감성적인 글귀를 함께 수록하여 명언의 뜻을 좀 더 깊이 있게 이해하며 음미할 수 있도록 하였습니다.

명언 50개를 '필기체로 4번씩 필사'하며 영어 필기체를 손에 착! 붙이기

명언 50개의 의미를 잘 음미한 후, 필기체로 필사해 봅니다. 처음엔 흐린 회색으로 쓰인 필기체를 2번씩 따라 쓰고, 그 다음엔 혼자서 필기체로 2번씩 필사해 봅니다. 쓰면서 모르는 표현들은 하단의 '명언 속 주요 표현'을 참고하시면 됩니다.

Step 1 필기체로 쓰인 아래의 명언을 두 번씩 따라 써 보세요.

You alone are enough.

You have nothing to prove to anybody.

You alone are enough.

You have nothing to prove to anybody.

→ 흐린 회색으로 쓰인 필기체를 2번씩 따라 써 봅니다.

Step 2 이번엔 혼자서 명언을 필기체로 두 번씩 써 보세요.

→ 2번씩 따라 쓴 후엔, 주어진 빈칸에 혼자서 필기체로 2번씩 필사합니다.

명언 속 주요 표현
- you alone = 당신 혼자(그 자체로)
- enough = 충분한
- have nothing to-V = ~할 아무것도 없다 ('~할 필요 없다'로 의역)
- prove (to) = (~에게) 증명하다
- anybody = (그) 누구든

→ 쓰면서 모르는 표현이 있을 경우 '명언 속 주요 표현'을 참고하시면 됩니다.

Contents 목차

Chapter 1 — 영어 알파벳 26개 필기체 연습

Step 1. 영어 알파벳 필기체 쓰기 연습 ———————— 012
Step 2. 영어 단어 & 문장 필기체 쓰기 연습 ———————— 015

Chapter 2 — 영어 명언 50개 필기체 필사

영어 명언 01 필사	020	영어 명언 26 필사	070
영어 명언 02 필사	022	영어 명언 27 필사	072
영어 명언 03 필사	024	영어 명언 28 필사	074
영어 명언 04 필사	026	영어 명언 29 필사	076
영어 명언 05 필사	028	영어 명언 30 필사	078
영어 명언 06 필사	030	영어 명언 31 필사	080
영어 명언 07 필사	032	영어 명언 32 필사	082
영어 명언 08 필사	034	영어 명언 33 필사	084
영어 명언 09 필사	036	영어 명언 34 필사	086
영어 명언 10 필사	038	영어 명언 35 필사	088
영어 명언 11 필사	040	영어 명언 36 필사	090
영어 명언 12 필사	042	영어 명언 37 필사	092
영어 명언 13 필사	044	영어 명언 38 필사	094
영어 명언 14 필사	046	영어 명언 39 필사	096
영어 명언 15 필사	048	영어 명언 40 필사	098
영어 명언 16 필사	050	영어 명언 41 필사	100
영어 명언 17 필사	052	영어 명언 42 필사	102
영어 명언 18 필사	054	영어 명언 43 필사	104
영어 명언 19 필사	056	영어 명언 44 필사	106
영어 명언 20 필사	058	영어 명언 45 필사	108
영어 명언 21 필사	060	영어 명언 46 필사	110
영어 명언 22 필사	062	영어 명언 47 필사	112
영어 명언 23 필사	064	영어 명언 48 필사	114
영어 명언 24 필사	066	영어 명언 49 필사	116
영어 명언 25 필사	068	영어 명언 50 필사	118

CHAPTER 1

영어 알파벳 26개
필기체 연습

English Cursive Writing

필기체로 영어 명언을 필사하기에 앞서
'영어 알파벳'을 필기체로 쓰는 연습부터 해 봅시다.
각 알파벳의 대문자, 소문자는 필기체로 어떻게 쓰는지,
그리고 'English. Alphabet'과 같이 여러 알파벳들이 모여
한 단어를 만들었을 땐 필기체로 어떻게 이어 쓰는지도
연습하며 필기체의 기본기를 다져 봅시다.

STEP 1

영어 알파벳 필기체

20   년   월   일

영어 알파벳 26개의 대문자, 소문자를 필기체로 적을 땐 아래와 같은 형태로 적습니다. 필기체로 적힌 아래의 영어 알파벳을 천천히 소리 내어 읽으며 각 알파벳의 필기체 형태를 쭉 살펴보도록 하세요.

Aa Bb Cc Dd Ee Ff Gg
Hh Ii Jj Kk Ll Mm Nn
Oo Pp Qq Rr Ss Tt Uu
Vv Ww Xx Yy Zz

그럼 이젠 영어 알파벳을 필기체로 써 보도록 합시다. 처음엔 회색으로 된 글자를 세 번씩 따라 써 보고, 그 다음엔 혼자서 알파벳을 필기체로 써 보세요.

Aa | *Aa Aa Aa*
Bb | *Bb Bb Bb*
Cc | *Cc Cc Cc*
Dd | *Dd Dd Dd*

Ee	Ee Ee Ee
Ff	Ff Ff Ff
Gg	Gg Gg Gg
Hh	Hh Hh Hh
Ii	Ii Ii Ii
Jj	Jj Jj Jj
Kk	Kk Kk Kk
Ll	Ll Ll Ll
Mm	Mm Mm Mm
Nn	Nn Nn Nn
Oo	Oo Oo Oo
Pp	Pp Pp Pp

Qq	Qq Qq Qq
Rr	Rr Rr Rr
Ss	Ss Ss Ss
Tt	Tt Tt Tt
Uu	Uu Uu Uu
Vv	Vv Vv Vv
Ww	Ww Ww Ww
Xx	Xx Xx Xx
Yy	Yy Yy Yy
Zz	Zz Zz Zz

20   년   월   일

이번엔 (1) '영어 알파벳 26개를 연달아' 필기체로 써 보고, (2) '영어 단어'를 필기체로 써 보고, (3) '영어 문장'을 필기체로 써 보는 연습을 해 봅시다. 영어 필기체는 특히 소문자를 연달아 쓸 땐 'def, op, qrs'와 같이 물 흐르듯 끊기지 않고 이어서 쓰게 되는 부분들이 있습니다. 이런 부분들을 일부러 외우실 필요는 없습니다. 쓰다 보면 자연스럽게 여러분 스스로 연이어 쓰게 됩니다. 그럼 영어 알파벳 소문자 26개를 아래와 같이 연이어 써 보도록 합시다.

abcdefghijklmnopqrstuvwxyz

abcdefghijklmnopqrstuvwxyz

abcdefghijklmnopqrstuvwxyz

이번엔 '영어 단어'를 필기체로 써 보는 연습을 해 봅시다. 좀 더 효과적인 연습을 위해 주로 '긴 단어 위주'로 써 보도록 합시다.

01. apartment / *apartment* (아파트)

apartment   apartment

02. California / *California* (캘리포니아)

California   California

03. breakfast / *breakfast* (아침식사)

breakfast   breakfast

04. experience / *experience* (경험)

experience   experience

05. technology / *technology* (기술)

technology   technology

06. discussion / *discussion* (토론)

discussion   discussion

07. reservation / *reservation* (예약)

reservation   reservation

08. friendship / *friendship* (우정)

friendship   friendship

09. Hollywood / *Hollywood* (할리우드)

Hollywood   Hollywood

10. McDonald's / *McDonald's* (맥도날드)

McDonald's   McDonald's

이번엔 '영어 문장'을 필기체로 써 보는 연습을 해 봅시다. 50개 영어 명언 필사에 앞서 '짧은 영어 명언' 세 문장을 필기체로 써 보세요.

1. Every moment is a fresh beginning.
Every moment is a fresh beginning.
(모든 순간이 새로운 시작이다.)

Every moment is a fresh beginning.

2. Happiness depends upon ourselves.
Happiness depends upon ourselves.
(행복은 우리 자신에게 달려 있다.)

Happiness depends upon ourselves.

3. Do what you love, love what you do.
Do what you love, love what you do.
(좋아하는 일을 하고, 하는 일을 사랑하라.)

Do what you love, love what you do.

CHAPTER 2

영어 명언 50개
필기체 필사

English Cursive Writing

'자존감, 꿈, 사랑, 우정, 희망, 행복, 용기, 자유, 정의, 인생'

위와 같이 삶에 필수적인 10가지 인생 가치들에 대한

영어 명언 50개를 영어 필기체로 필사해 봅시다.

50개 명언 필사가 끝난 후엔 여러분의 손끝에

아름다운 필기체가 착! 붙어 있게 될 것이며

삶의 지혜 또한 훌쩍 커 있을 것입니다.

20   년   월   일

You alone are enough.
You have nothing to prove to anybody.

- Maya Angelou -

You alone are enough.
You have nothing to prove to anybody.

- Maya Angelou -

당신은 그 자체로 충분하다.
누구에게도 당신을 증명할 필요는 없다.

- 마야 안젤루 -

세상이 끊임없이 '더 나아가라, 증명하라' 외치지만
우리는 있는 그대로의 모습으로도
완전하고 가치 있는 존재입니다.
스스로를 사랑하고, 내면의 소리에 귀 기울이며
이렇게 속삭여 보세요. "나는 나로서 충분해."
그 한 마디가 당신의 세상을 더욱 밝게 비출 것입니다.

> **Step 1**   필기체로 쓰인 아래의 명언을 두 번씩 따라 써 보세요.

You alone are enough.

You have nothing to prove to anybody.

You alone are enough.

You have nothing to prove to anybody.

> **Step 2**   이번엔 혼자서 명언을 필기체로 두 번씩 써 보세요.

명언 속 주요 표현

- **you alone** = 당신 혼자[그 자체로]
- **enough** = 충분한
- **have nothing to-V** = ~할 아무것도 없다 ('~할 필요 없다'로 의역)
- **prove (to)** = (~에게) 증명하다
- **anybody** = (그) 누구든

20   년   월   일

You are not a drop in the ocean.
You are the entire ocean in a drop.

- Rumi -

You are not a drop in the ocean.
You are the entire ocean in a drop.

- Rumi -

당신은 바다의 한 방울이 아니다.
당신 안에 온 바다가 담겨 있다.

- 루미 -

한 방울의 물이 바다의 모든 성질을 품고 있듯
우리 각자도 광활한 바다와 같은
무한한 가치를 지니고 있습니다.
그러니 스스로를 작게 여기지 말고
내면의 광활함을 믿어 보세요.
당신은 그 자체로 완전하고 아름다운 존재입니다.

> **Step 1**   필기체로 쓰인 아래의 명언을 두 번씩 따라 써 보세요.

You are not a drop in the ocean.

You are the entire ocean in a drop.

You are not a drop in the ocean.

You are the entire ocean in a drop.

> **Step 2**   이번엔 혼자서 명언을 필기체로 두 번씩 써 보세요.

명언 속 주요 표현

- drop = 방울
- ocean = 바다
- entire = 전체의, 온
- the entire ocean in a drop = 한 방울 안에 온 바다
  ('한 방울에[당신 안에] 온 바다가 담겨 있다'는 의미)

20   년   월   일

If you want to fly, you have to give up the things that weigh you down.

- Toni Morrison -

If you want to fly, you have to give up the things that weigh you down.

- Toni Morrison -

날고 싶다면, 당신을 짓누르는 것들을
내려놓아야 한다.

- 토니 모리슨 -

날아오르려면 무거운 짐을 내려놓아야 합니다.
손에 꼭 쥐고 있던 익숙함과 두려움을 흘려보낼 때
비로소 바람은 우리를 가볍게 떠받들어 줍니다.
자유로운 날갯짓은 가벼운 마음에서 시작되고
새로운 하늘을 만나는 건
스스로를 비워내는 용기에서 비롯됩니다.

> **Step 1** 필기체로 쓰인 아래의 명언을 두 번씩 따라 써 보세요.

If you want to fly, you have to give up the things that weigh you down.

If you want to fly, you have to give up the things that weigh you down.

> **Step 2** 이번엔 혼자서 명언을 필기체로 두 번씩 써 보세요.

명언 속 주요 표현

- **want to-V** = ~하고 싶다
- **have to-V** = ~해야 한다
- **weigh someone down** = ~을 짓누르다
- **fly** = 날다, 비행하다
- **give up** = 포기하다

20   년   월   일

*The way you treat yourself
sets the standard for others.*

- Sonya Friedman -

The way you treat yourself
sets the standard for others.

- Sonya Friedman -

당신이 스스로를 대하는 방식이
다른 이들이 당신을 대하는 기준이 된다.

- 소냐 프리드먼 -

자신을 존중하고 아껴주는 순간
그 울림은 주변 사람들에게 자연스레 전해져
그들도 당신을 같은 눈빛으로 바라보게 됩니다.
마치 따뜻한 빛이 주위를 감싸듯
스스로를 사랑하는 마음은 다른 이들에게도
그대로 사랑의 기준이 되어 줄 것입니다.

> **Step 1** 필기체로 쓰인 아래의 명언을 두 번씩 따라 써 보세요.

The way you treat yourself

sets the standard for others.

The way you treat yourself

sets the standard for others.

> **Step 2** 이번엔 혼자서 명언을 필기체로 두 번씩 써 보세요.

명언 속 주요 표현

- **the way S+V** = ~이[가] ~하는 방식
- **treat** = 대하다
- **yourself** = 당신 스스로
- **set** = 정하다
- **standard** = 기준
- **others** = 다른 사람들[이들]

20   년   월   일

*The most important thing is
to be whatever you are without shame.*

- Rod Steiger -

The most important thing is
to be whatever you are without shame.

- Rod Steiger -

가장 중요한 것은 부끄러움 없이
있는 그대로의 당신이 되는 것이다.

- 로드 스타이거 -

자신을 있는 그대로 받아들이는 것은
참된 행복의 시작입니다. 세상이 요구하는 틀에
맞추려 애쓰기보다, 자신의 고유한 모습을
자랑스럽게 여길 때 우리는 진정 빛날 수 있습니다.
부끄러움 없이 자신을 온전히 드러내는 이런 용기가
바로 우리를 자유롭게 하는 열쇠가 아닐까요?

> **Step 1** 필기체로 쓰인 아래의 명언을 두 번씩 따라 써 보세요.

The most important thing is

to be whatever you are without shame.

The most important thing is

to be whatever you are without shame.

> **Step 2** 이번엔 혼자서 명언을 필기체로 두 번씩 써 보세요.

명언 속 주요 표현

- **whatever** = 어떤[모든] 것
- **shame** = 부끄러움
- **to be whatever you are** = 당신이라는 어떤[모든] 것이 되는 것
  ('있는 그대로의 당신이 되는 것'이라고 의역)

20   년   월   일

Don't tell me the sky's the limit
when there are footprints on the moon.

- Paul Brandt -

Don't tell me the sky's the limit
when there are footprints on the moon.

- Paul Brandt -

달에 발자국이 있는데
하늘이 한계라고 말하지 말아라.

- 폴 브란트 -

인간의 도전과 상상력이 닿는 곳에 경계란 없음을,
우리가 미처 생각하지 못한 더 높은 곳이 기다리고 있음을.
달에 남겨진 발자국은 단순한 흔적이 아니라
한계를 넘어선 꿈의 선언입니다.
이제 우리의 차례입니다. 더 높은 곳을 향해
더 빛나는 발자취를 남길 시간입니다.

> **Step 1**   필기체로 쓰인 아래의 명언을 두 번씩 따라 써 보세요.

Don't tell me the sky's the limit

when there are footprints on the moon.

Don't tell me the sky's the limit

when there are footprints on the moon.

> **Step 2**   이번엔 혼자서 명언을 필기체로 두 번씩 써 보세요.

명언 속 주요 표현

- **Don't V** = ~하지 말아라
- **tell me A** = 내게 A를 말하다
- **limit** = 한계
- **when** = ~일 때[경우]
- **there are** = ~(들)이 있다
- **footprint** = 발자국

20   년   월   일

The only way to do great work is to love what you do.

- Steve Jobs -

The only way to do great work is
to love what you do.

- Steve Jobs -

위대한 일을 하는 유일한 방법은
자신이 하는 일을 사랑하는 것이다.

- 스티브 잡스 -

좋아하는 일을 사랑할 때, 그 일은 더 이상 의무가 아니라
숨 쉬는 공기처럼 자연스러워집니다.
때로는 밤을 새우고, 때로는 실패를 겪으며
그 모든 순간들이 결국 내 안에서 꽃을 피웁니다.
사랑하는 일이 내 삶의 불꽃이 되어 끝없이 나를 이끌고
새로운 나로 변해 가며 세상과 마주하게 됩니다.

Step 1 필기체로 쓰인 아래의 명언을 두 번씩 따라 써 보세요.

The only way to do great work is to love what you do.

The only way to do great work is to love what you do.

Step 2 이번엔 혼자서 명언을 필기체로 두 번씩 써 보세요.

명언 속 주요 표현

- **the only way to-V** = ~하는 유일한 방법
- **what S+V** = ~이[가] ~하는 것[일]
- **what you do** = 당신이 하는 것[일]
- **great** = 큰; 위대한
- **work** = 일

20   년   월   일

*Success is the sum of small efforts,
repeated day in and day out.*

- Robert Collier -

Success is the sum of small efforts,
repeated day in and day out.

- Robert Collier -

성공은 하루하루 반복되는
작은 노력들의 합이다.

- 로버트 콜리어 -

성공은 단숨에 정복할 수 있는 산이 아니라
하루하루 작은 발자국들이 빚어낸 찬란한 여정입니다.
마치 작은 물방울들이 수없이 모여 대지에 빛을 새기듯
우리 역시 꿈의 계단을 밟으며 성공을 완성해 가야 합니다.
꾸준함은 비록 눈에 띄지 않을지라도
그 끝에서야 비로소 정상을 밝히는 빛이 완성됩니다.

Step 1 필기체로 쓰인 아래의 명언을 두 번씩 따라 써 보세요.

Success is the sum of small efforts,

repeated day in and day out.

Success is the sum of small efforts,

repeated day in and day out.

Step 2 이번엔 혼자서 명언을 필기체로 두 번씩 써 보세요.

명언 속 주요 표현

- **success** = 성공
- **the sum of** = ~의 (총)합
- **effort** = 노력
- **repeated** = 반복되는
- **day in and day out** = 매일

35

20   년   월   일

*Do something today
that your future self will thank you for.*

- Sean Patrick Flanery -

Do something today
that your future self will thank you for.

- Sean Patrick Flanery -

오늘의 당신이 미래의 당신에게
감사받을 일을 하라.

- 숀 패트릭 플래너리 -

오늘의 선택은 내일의 나를 빚어낼 섬세한 붓질입니다.
흐릿했던 꿈의 윤곽이 점차 선명해지며
미래의 나는 지금의 나를 향해
조용히 미소 지을 것입니다.
스스로를 믿고 내딛는 이 한 걸음이,
언젠가 찬란한 날을 열어 줄 첫 번째 문이 될 것입니다.

> **Step 1** 필기체로 쓰인 아래의 명언을 두 번씩 따라 써 보세요.

Do something today

that your future self will thank you for.

Do something today

that your future self will thank you for.

> **Step 2** 이번엔 혼자서 명언을 필기체로 두 번씩 써 보세요.

명언 속 주요 표현

- **do** = 하다
- **something** = 어떤 것[일]
- **thank somebody (for A)** = ~에게 (A를) 감사해하다
- **today** = 오늘
- **your future self** = 미래의 당신

20   년   월   일

Dream as if you'll live forever.
Live as if you'll die today.

- James Dean -

Dream as if you'll live forever.
Live as if you'll die today.

- James Dean -

영원히 살 것처럼 꿈꾸고,
오늘 죽을 것처럼 살아라.

- 제임스 딘 -

영원을 품은 꿈은 끝없는 하늘을 나는 일이고
오늘을 마지막처럼 사는 삶은 그 하늘 아래
가장 빛나는 별을 움켜쥐는 일입니다.
우리는 찰나와 영원의 경계에서
순간을 영원처럼, 영원을 순간처럼 살아가며
삶의 진정한 빛을 새깁니다.

> **Step 1**   필기체로 쓰인 아래의 명언을 두 번씩 따라 써 보세요.

Dream as if you'll live forever.

Live as if you'll die today.

Dream as if you'll live forever.

Live as if you'll die today.

> **Step 2**   이번엔 혼자서 명언을 필기체로 두 번씩 써 보세요.

명언 속 주요 표현

- **dream** = 꿈; 꿈꾸다
- **as if** = (마치) ~인 것처럼
- **forever** = 영원히
- **die** = 죽다
- **Dream/Live as if you'll V** = 당신이 ~할 것처럼 꿈꿔라/살아라

20   년   월   일

Love is composed of a single soul inhabiting two bodies.

- Aristotle -

Love is composed of a single soul inhabiting two bodies.

- Aristotle -

사랑은 두 몸에 깃든
하나의 영혼이다.

- 아리스토텔레스 -

사랑은 마치, 하나의 영혼이
두 개의 창문으로 세상을 바라보는 신비와 같습니다.
서로 다른 몸을 지닌 두 사람이 같은 숨결로 살아가는 것.
한 사람이 아플 때 다른 이의 마음에 잔잔한 아픔이 번지는 것.
이렇듯, 사랑은 하나의 영혼이 두 몸에 나눠 담겨
서로의 존재를 온전히 채워가는 아름다운 기적입니다.

> **Step 1** 필기체로 쓰인 아래의 명언을 두 번씩 따라 써 보세요.

Love is composed of a single soul

inhabiting two bodies.

Love is composed of a single soul

inhabiting two bodies.

> **Step 2** 이번엔 혼자서 명언을 필기체로 두 번씩 써 보세요.

명언 속 주요 표현

- **be composed of** = ~으로 구성되다
- **inhabit** = 살다
- **single** = 단 하나의, 단일의
- **soul** = 영혼
- **a single soul V-ing** = ~하고 있는 하나의 영혼

20   년   월   일

*True love begins
when nothing is looked for in return.*

- Antoine de Saint-Exupéry -

MP3_12

True love begins
when nothing is looked for in return.
- Antoine de Saint-Exupéry -

진정한 사랑은
아무것도 바라지 않을 때 시작된다.

- 앙투안 드 생텍쥐페리 -

진정한 사랑은 어둠 속에 빛나는 불꽃과 같습니다.
불꽃은 스스로를 태워 주변을 따뜻하게 만들고
그 따스함이 돌아오지 않아도 슬퍼하지 않습니다.
그리고 그 빛이 닿을 누군가를 애타게 찾지도 않습니다.
진정한 사랑 역시 타오르는 불꽃처럼 묵묵히 존재하는 것.
아무것도 바라지 않을 때, 사랑은 가장 밝게 빛납니다.

Step 1 필기체로 쓰인 아래의 명언을 두 번씩 따라 써 보세요.

True love begins

when nothing is looked for in return.

True love begins

when nothing is looked for in return.

Step 2 이번엔 혼자서 명언을 필기체로 두 번씩 써 보세요.

명언 속 주요 표현

- **(true) love** = (진정한) 사랑
- **begin** = 시작하다[시작되다]
- **nothing** = 아무것도 (~하지 않다)
- **be looked for** = 기대되다
- **in return** = 보답으로

20   년   월   일

Love will find a way through paths where wolves fear to prey.

- Lord Byron -

Love will find a way through paths where wolves fear to prey.

- Lord Byron -

사랑은 늑대조차 사냥을 두려워하는 길을 헤치고 나아간다.

- 로드 바이런 -

사랑은 발톱을 숨긴 채 어둠을 가르는 빛입니다.
늑대조차 숨죽이는, 가시와 어둠이 얽힌 길 위에서도
사랑은 머뭇거리지 않습니다. 피 묻은 돌길을 지나면서도
내딛는 그 발걸음엔 한치의 망설임도 없습니다.
사랑은 상처를 결코 두려워하지 않습니다.
사랑은, 그 모든 가시밭을 길로 바꿔 버리는 마법이기에.

> **Step 1** 필기체로 쓰인 아래의 명언을 두 번씩 따라 써 보세요.

Love will find a way through paths

where wolves fear to prey.

Love will find a way through paths

where wolves fear to prey.

> **Step 2** 이번엔 혼자서 명언을 필기체로 두 번씩 써 보세요.

명언 속 주요 표현

- **find** = 찾다
- **way** = 길, 진로
- **through** = ~사이로, ~을 헤치고
- **path** = 길
- **fear to-V** = ~하길 두려워하다
- **prey** = 사냥하다

20   년   월   일

Love is the only force capable of transforming an enemy into a friend.

- Martin Luther King Jr. -

Love is the only force capable of
transforming an enemy into a friend.

- Martin Luther King Jr. -

사랑만이 적을 친구로
바꿀 수 있는 유일한 힘이다.

- 마틴 루터 킹 주니어 -

사랑은 싸늘한 벽을 녹이는 따뜻한 바람,
날 선 눈빛 사이로 스며드는 다정한 빛입니다.
미움은 단단한 돌처럼 마음에 박혀 우릴 짓누르지만
사랑은 그 돌을 조각해 온화한 조각상으로 변모시킵니다.
사랑은 전쟁터 한가운데 피어나는 들꽃처럼
가장 불가능한 곳에서 가장 아름다운 변화를 만들어냅니다.

> **Step 1** 필기체로 쓰인 아래의 명언을 두 번씩 따라 써 보세요.

Love is the only force capable of transforming an enemy into a friend.

Love is the only force capable of transforming an enemy into a friend.

> **Step 2** 이번엔 혼자서 명언을 필기체로 두 번씩 써 보세요.

명언 속 주요 표현

- force = 힘
- capable of V-ing = ~할 수 있는
- transform A into B = A를 B로 바꾸다
- enemy = 적
- friend = 친구

20   년   월   일

In the end, the love you take is equal to the love you make.

- Paul McCartney -

In the end, the love you take is
equal to the love you make.

- Paul McCartney -

결국, 당신이 받는 사랑은
당신이 준 사랑과 같다.

- 폴 매카트니 -

우리가 흩뿌린 사랑의 파편들은 바람을 타고 먼 길을 돌아
어느 날 문득 예상치 못한 순간에 우리 앞에 나타납니다.
누군가에게 건넨 따뜻한 말 한마디가 시간이 지나
우리의 귓가에 메아리치고, 조용히 베푼 작은 친절이
삶의 끝자락에서 우리의 등을 토닥여 줄 것입니다.
사랑은, 우리를 다시 찾아오는 신비로운 순환입니다.

Step 1 필기체로 쓰인 아래의 명언을 두 번씩 따라 써 보세요.

In the end, the love you take is

equal to the love you make.

In the end, the love you take is

equal to the love you make.

Step 2 이번엔 혼자서 명언을 필기체로 두 번씩 써 보세요.

명언 속 주요 표현

- **in the end** = 결국
- **the love you V** = 당신이 ~한 사랑
- **take** = 받다, 취하다
- **equal to A** = A와 동일한
- **make** = 만들다

20   년   월   일

Friendship is the golden thread that ties the heart of all the world.

- John Evelyn -

Friendship is the golden thread
that ties the heart of all the world.

- John Evelyn -

우정은 세상 모든 이의
마음을 이어주는 황금빛 실이다.

- 존 이블린 -

우정은 마음과 마음 사이를 조용히 흐르며
말 없이도 따뜻함을 전하고, 거리가 멀어진다 해도
그 빛이 서로를 향해 끝없이 반짝이는 황금빛 실입니다.
우린 모두 이 보이지 않는 실에 매달려 서로를 견고히 붙잡고,
이 끝없는 연결 속에서 황금빛 실은 바스러지지 않고
더 단단히, 더 견고하게 서로의 심장을 하나로 묶습니다.

Step 1 필기체로 쓰인 아래의 명언을 두 번씩 따라 써 보세요.

Friendship is the golden thread

that ties the heart of all the world.

Friendship is the golden thread

that ties the heart of all the world.

Step 2 이번엔 혼자서 명언을 필기체로 두 번씩 써 보세요.

명언 속 주요 표현

- **friendship** = 우정
- **golden** = 황금빛의
- **thread (that V)** = (~하는) 실
- **tie** = 묶다
- **heart** = 마음; 심장
- **all the world** = 전 세계

20   년   월   일

True friendship comes when the silence between two people is comfortable.

- David Tyson -

True friendship comes when the silence between two people is comfortable.

- David Tyson -

진정한 우정은 두 사람 사이의 침묵이
편안하게 느껴질 때 찾아온다.

- 데이빗 타이슨 -

진정한 우정은 말이 필요 없는 순간에 피어납니다.
함께 앉아 아무 말 없이 창밖을 바라보는 그 고요함 속에서도
마음은 서로의 온기를 느끼며 조용히 미소 짓습니다.
어색함 대신 편안함이 흐르고, 침묵조차 하나의 대화가 되어
서로의 사이를 잇습니다. 말로 채우지 않아도 충분한 그 순간,
이미 서로의 가장 깊은 곳에 진실된 우정이 맞닿아 있습니다.

Step 1
필기체로 쓰인 아래의 명언을 두 번씩 따라 써 보세요.

True friendship comes when the silence between two people is comfortable.

True friendship comes when the silence between two people is comfortable.

Step 2
이번엔 혼자서 명언을 필기체로 두 번씩 써 보세요.

명언 속 주요 표현

- **come** = (찾아)오다
- **when S+V** = ~이[가] ~할 때
- **silence** = 침묵
- **between** = ~사이의
- **people** = 사람들
- **comfortable** = 편안한

20   년   월   일

A friend is one who knows you and loves you just the same.

- Elbert Hubbard -

MP3_18

A friend is one who knows you
and loves you just the same.

- Elbert Hubbard -

친구란 당신을 있는 그대로 알고서도
변함없이 사랑하는 사람이다.

- 엘버트 허버드 -

진정한 친구란, 나의 빛나는 순간뿐만 아니라
어둠 속 불완전함까지도 변함없이 사랑해 주는 사람입니다.
그들은 내 웃음 뒤에 숨은 슬픔을 읽어내고, 말하지 않아도
마음의 소리를 들어 주며, 세상이 등을 돌릴 때에도
조용히 내 곁을 지킵니다. 진정한 친구란 조건 없는 온기,
그 존재만으로도 삶을 버틸 수 있게 해 주는 사람입니다.

Step 1 필기체로 쓰인 아래의 명언을 두 번씩 따라 써 보세요.

A friend is one who knows you

and loves you just the same.

A friend is one who knows you

and loves you just the same.

Step 2 이번엔 혼자서 명언을 필기체로 두 번씩 써 보세요.

명언 속 주요 표현

- **one who V** = ~하는 사람
- **just** = 그저 / **same** = 같은
- **just the same** = 그저 똑같이 ('변함없이'라고 의역)
- **know** = 알다
- **love** = 사랑하다

19

영어 명언 50 필사

20   년   월   일

I would rather walk with a friend in the dark, than alone in the light.

- Helen Keller -

I would rather walk with a friend
in the dark, than alone in the light.

- Helen Keller -

나는 혼자 밝은 곳을 걷기보다,
친구와 함께 어둠 속을 걷는 것이 더 좋다.

- 헬렌 켈러 -

친구와 함께 걷는 어둠 속 길은 마치 우리 두 사람이
서로에게 작은 별이 되어 길을 환히 밝히는 것과 같습니다.
혼자 걷는 밝은 길은 그림자조차 말이 없지만,
친구와 함께 걷는 어둠은 침묵마저 속삭임이 됩니다.
결국, 세상을 아름답게 비추는 진짜 빛은 바깥이 아니라
마음속에서 피어나는 것임을, 우리는 서로를 통해 배웁니다.

Step 1 필기체로 쓰인 아래의 명언을 두 번씩 따라 써 보세요.

I would rather walk with a friend in the dark, than alone in the light.

I would rather walk with a friend in the dark, than alone in the light.

Step 2 이번엔 혼자서 명언을 필기체로 두 번씩 써 보세요.

명언 속 주요 표현

- **would rather V** = ~하는 게 더 좋다
- **walk with A** = A와 함께 걷다
- **in the dark** = 어둠 속에서
- **alone** = 혼자서
- **in the light** = 빛 속에서

20 년 월 일

*There is nothing on this earth
more to be prized than true friendship.*

- Thomas Aquinas -

MP3_20

There is nothing on this earth
more to be prized than true friendship.

- Thomas Aquinas -

이 세상에서 진정한 우정보다
더 귀한 것은 없다.

- 토마스 아퀴나스 -

진정한 우정은 시간이 흘러도 빛이 바래지 않고
그 어떤 시련에도 금이 가지 않습니다.
서로의 존재만으로도 마음이 따뜻해지고,
말 없이 함께하는 순간조차 특별한 의미로 가득합니다.
세상 모든 것이 변해도, 진정한 친구와 나누는 웃음과 눈물은
영원히 변치 않는 소중한 보물로 남을 것입니다.

Step 1 필기체로 쓰인 아래의 명언을 두 번씩 따라 써 보세요.

There is nothing on this earth

more to be prized than true friendship.

There is nothing on this earth

more to be prized than true friendship.

Step 2 이번엔 혼자서 명언을 필기체로 두 번씩 써 보세요.

명언 속 주요 표현

- **there is nothing** = 아무것도 없다
- **earth** = 지구, 세상
- **more to be Adv.** = 더 ~인
- **prized** = 소중한, 귀중한
- **true** = 진짜, 진정한
- **friendship** = 우정

21

20   년   월   일

Hope is being able to see that there is light despite all of the darkness.

- Desmond Tutu -

Hope is being able to see that
there is light despite all of the darkness.

- Desmond Tutu -

희망이란 모든 어둠 속에서도
빛이 있음을 볼 수 있는 것이다.

- 데스몬드 투투 -

세상이 깊은 밤처럼 깜깜할 때, 눈앞에 보이지 않는 빛을
믿는 것이야말로 진정한 용기입니다.
희망은 우리들 가슴속 어딘가에서 작게 반짝이며
언젠가 반드시 아침이 올 거라는 약속을 속삭입니다.
그 빛은 아직 멀리 있지만, 그 존재를 믿는 것만으로도
우리는 앞으로 나아갈 힘을 얻게 될 것입니다.

Step 1 필기체로 쓰인 아래의 명언을 두 번씩 따라 써 보세요.

Hope is being able to see that there is light despite all of the darkness.

Hope is being able to see that there is light despite all of the darkness.

Step 2 이번엔 혼자서 명언을 필기체로 두 번씩 써 보세요.

명언 속 주요 표현

- hope = 희망
- be able to-V = ~할 수 있다
- there is = ~이[가] 있다
- light = 빛
- despite = ~(인 상황)에서도
- darkness = 어둠

20   년   월   일

*You can cut all the flowers but
you cannot keep spring from coming.*

- Pablo Neruda -

You can cut all the flowers but
you cannot keep spring from coming.

- Pablo Neruda -

모든 꽃을 잘라낼 수는 있어도
봄이 오는 것을 막을 수는 없다.

- 파블로 네루다 -

삶의 고난과 슬픔이 아무리 우리의 마음을 짓눌러도
희망은 마치 계절처럼 다시 찾아옵니다.
차가운 겨울 끝 따스한 햇살이 찾아와 싹을 틔우듯,
우리의 꿈과 사랑도 필연처럼 피어날 수밖에 없습니다.
꺾인 꽃잎 위로도 결국 새로운 싹은 움트고,
그 싹은 다시 세상을 물들이는 봄이 될 것입니다.

> **Step 1** 필기체로 쓰인 아래의 명언을 두 번씩 따라 써 보세요.

You can cut all the flowers but

you cannot keep spring from coming.

You can cut all the flowers but

you cannot keep spring from coming.

> **Step 2** 이번엔 혼자서 명언을 필기체로 두 번씩 써 보세요.

명언 속 주요 표현

- **can V** = ~할 수 있다
- **cannot V** = ~할 수 없다
- **keep A from V-ing** = A가 ~하는 것을 막다
- **flower** = 꽃
- **cut** = 자르다
- **spring** = 봄
- **come** = 오다

20   년   월   일

What seems to us as bitter trials are often blessings in disguise.

- Oscar Wilde -

What seems to us as bitter trials are
often blessings in disguise.

- Oscar Wilde -

우리에게 쓰디쓴 시련처럼 보이는 것들이
사실은 변장한 축복인 경우가 많다.

- 오스카 와일드 -

쓰디쓴 시련은 포장지 없는 투박한 선물과도 같습니다.
손에 쥐었을 땐 차갑고 무거워 던져 버리고 싶지만,
시간이 흐르면 반짝이는 뭔가가 서서히 모습을 드러냅니다.
그 반짝임은 오직 고통을 견뎌낸 자만이 볼 수 있습니다.
쓰디쓴 시련은 때로, 인생이 가장 서툰 방식으로
우리에게 건네는 축복일지도 모릅니다.

> **Step 1** 필기체로 쓰인 아래의 명언을 두 번씩 따라 써 보세요.

What seems to us as bitter trials are often blessings in disguise.

What seems to us as bitter trials are often blessings in disguise.

> **Step 2** 이번엔 혼자서 명언을 필기체로 두 번씩 써 보세요.

명언 속 주요 표현

- what seems to A as B = A에게 B처럼 보이는 것
- bitter = 쓴
- trial = 시련
- blessing = 축복
- in disguise = 변장한

20   년   월   일

Shoot for the moon. Even if you miss, you'll land among the stars.

- Norman Vincent Peale -

Shoot for the moon. Even if you miss, you'll land among the stars.

- Norman Vincent Peale -

달을 향해 쏘아라. 비록 실패하더라도
별들 사이에 도달할 것이다.

- 노먼 빈센트 필 -

달을 향해 쏜 꿈이 별들 사이로 빗나가도 걱정 마세요.
어쩌면 그 화살은 별들의 속삭임을 들을 수 있는
유일한 기회를 찾은 것일지도 모릅니다.
달은 단 하나지만, 별은 무수히 많습니다.
그러니 실패라 생각하지 마세요. 어쩌면 그 실패는
더 새롭고 아름다운 별들을 찾게 된 '성공'일 수도 있습니다.

> **Step 1** 필기체로 쓰인 아래의 명언을 두 번씩 따라 써 보세요.

Shoot for the moon. Even if you miss,

you'll land among the stars.

Shoot for the moon. Even if you miss,

you'll land among the stars.

> **Step 2** 이번엔 혼자서 명언을 필기체로 두 번씩 써 보세요.

명언 속 주요 표현

- **shoot (for)** = (~을 향해) 쏘다
- **even if** = 비록 ~일지라도
- **miss** = 놓치다, 빗나가다
- **land** = 착륙하다, 도달하다
- **among** = ~사이에
- **star** = 별

20   년   월   일

*We must accept finite disappointment,
but never lose infinite hope.*

- Martin Luther King Jr. -

We must accept finite disappointment,
but never lose infinite hope.

- Martin Luther King Jr. -

우리는 한계 있는 좌절을 받아들여야 하지만,
끝없는 희망은 결코 잃지 말아야 한다.

- 마틴 루터 킹 주니어 -

좌절은 마치 유리창에 맺힌 작은 빗방울과 같습니다.
창밖의 세상을 잠시 흐릿하게 가릴 수는 있지만,
손끝으로 문지르면 사라집니다. 그러나 희망은 다릅니다.
희망은 해가 지고 다시 떠오르는 반복 속에서도
'결코 변하지 않는 빛'입니다. 좌절은 순간이지만,
희망은 영원히 우리 곁에 머문다는 걸 기억하세요.

Step 1 필기체로 쓰인 아래의 명언을 두 번씩 따라 써 보세요.

We must accept finite disappointment,

but never lose infinite hope.

We must accept finite disappointment,

but never lose infinite hope.

Step 2 이번엔 혼자서 명언을 필기체로 두 번씩 써 보세요.

명언 속 주요 표현

- **accept** = 받아들이다
- **finite** = 유한한, 한정된
- **disappointment** = 실망, 좌절
- **lose** = 잃다
- **infinite** = 무한한, 끝없는
- **hope** = 희망

20   년   월   일

Happiness often sneaks in through a door you didn't know you left open.

- John Barrymore -

Happiness often sneaks in through
a door you didn't know you left open.

- John Barrymore -

행복은 당신이 열어둔 줄도 몰랐던
문틈으로 슬며시 찾아온다.

- 존 배리모어 -

문득 스치는 따스한 바람처럼,
익숙한 거리에서 들려오는 낯익은 웃음소리처럼.
어쩌면 행복은 우리가 찾으려 애쓰면 애쓸수록 멀어지고
잊은 순간 불쑥 찾아오는 반가운 손님인지도 모릅니다.
그러니 마음 한켠 작은 문을 살며시 열어두세요.
행복은 언제나 그곳에서 기다리고 있을 테니까요.

Step 1 필기체로 쓰인 아래의 명언을 두 번씩 따라 써 보세요.

Happiness often sneaks in through a door you didn't know you left open.

Happiness often sneaks in through a door you didn't know you left open.

Step 2 이번엔 혼자서 명언을 필기체로 두 번씩 써 보세요.

명언 속 주요 표현

- **happiness** = 행복
- **sneak in** = 슬며시 들어오다
- **through a door** = 문을 통해 ('문틈으로'라고 의역)
- **leave** = (~한 상태로) 두다
- **open** = 열려 있는

27

20   년   월   일

For every minute you are angry,
you lose sixty seconds of happiness.

- Ralph Waldo Emerson -

For every minute you are angry,
you lose sixty seconds of happiness.

- Ralph Waldo Emerson -

당신이 분노하는 매 순간,
행복할 수 있는 60초를 잃게 된다.

- 랄프 월도 에머슨 -

우리가 분노에 허락한 1분의 시간 동안
행복이라는 이름의 60초는 조용히 사라집니다.
마치 햇살이 머물 자리에 그림자를 들여놓은듯,
분노는 우리의 마음속에 깊은 어둠을 입힙니다.
분노의 순간을 보내 주세요. 그러면 잃어버린 60초가
다시 햇살처럼 스며들어 마음을 따스하게 채울 것입니다.

> **Step 1**   필기체로 쓰인 아래의 명언을 두 번씩 따라 써 보세요.

For every minute you are angry,

you lose sixty seconds of happiness.

For every minute you are angry,

you lose sixty seconds of happiness.

> **Step 2**   이번엔 혼자서 명언을 필기체로 두 번씩 써 보세요.

명언 속 주요 표현

- **for every minute you V** = 당신이 ~하는 매 순간
- **angry** = 화난
- **lose** = 잃다
- **second** = (시간 단위의) 초
- **happiness** = 행복

20   년   월   일

The only thing that will make you happy is being happy with who you are.

- Goldie Hawn -

The only thing that will make you happy
is being happy with who you are.

- Goldie Hawn -

당신을 행복하게 만드는 유일한 것은
있는 그대로의 자신을 행복하게 받아들이는 것이다.

- 골디 혼 -

행복은 먼 곳에 있는 보물이 아니라, 거울 속에 비친
나 자신을 사랑하는 순간 피어나는 작은 꽃과 같습니다.
세상이 원하는 모습이 아닌 있는 그대로의 나를 인정할 때
마음속 깊은 곳에 따스한 행복의 빛이 스며듭니다.
진정한 행복은 누군가의 시선이나 성취가 아닌,
나라는 존재 자체를 인정하는 순간 찾아오는 선물입니다.

Step 1 필기체로 쓰인 아래의 명언을 두 번씩 따라 써 보세요.

The only thing that will make you happy is being happy with who you are.

The only thing that will make you happy is being happy with who you are.

Step 2 이번엔 혼자서 명언을 필기체로 두 번씩 써 보세요.

명언 속 주요 표현

- **happy (with)** = (~에) 행복한
- **who you are** = 당신인 것
- **happy with who you are** = 당신인 것에 행복한[행복해하는]
  ('있는 그대로의 당신을[자신을] 행복하게 여기는'이라고 의역)

20   년   월   일

It is not how much we have, but how much we enjoy, that makes happiness.

- Charles Spurgeon -

It is not how much we have, but how much we enjoy, that makes happiness.

- Charles Spurgeon -

행복을 만드는 것은 우리가 얼마가 가졌느냐가 아니라 얼마나 즐기느냐이다.

- 찰스 스펄전 -

같은 하늘 아래에 같은 햇살을 받아도
누군가는 그 따스함에 미소 짓고, 또 다른 누군가는
더 밝은 빛을 찾습니다. 소박한 하루 속에서도 눈부신 순간을
발견할 줄 아는 즐거움들이 쌓여 진짜 행복을 만듭니다.
가진 것이 많지 않아도 그것을 사랑하고 누릴 줄 아는 순간,
우리는 이미 가장 부유한 사람이 된 것이나 마찬가지입니다.

Step 1 필기체로 쓰인 아래의 명언을 두 번씩 따라 써 보세요.

It is not how much we have, but how much we enjoy, that makes happiness.

It is not how much we have, but how much we enjoy, that makes happiness.

Step 2 이번엔 혼자서 명언을 필기체로 두 번씩 써 보세요.

명언 속 주요 표현

- It is not = ~이[가] 아니다
- enjoy = 즐기다
- how much we V = 우리가 얼마나 ~하는지[하느냐]
- have = 가지다
- happiness = 행복

20   년   월   일

*Most people are about as happy
as they make up their minds to be.*

- Abraham Lincoln -

Most people are about as happy
as they make up their minds to be.

- Abraham Lincoln -

대부분의 사람들은
자신이 마음먹은 만큼 행복하다.

- 에이브러햄 링컨 -

어떤 이는 삶이 주는 색을 그대로 받아들이지만, 누군가는
회색 하늘 아래에서도 자신만의 색연필로 무지개를 그립니다.
행복은 상황의 선물이 아니라 선택의 결과입니다.
우리는 마음이라는 캔버스 위에 어떠한 감정을 그릴지
스스로 결정하는 화가입니다. 마음을 여는 순간,
행복은 이미 우리 안에 있음을 깨닫게 될 것입니다.

> **Step 1**   필기체로 쓰인 아래의 명언을 두 번씩 따라 써 보세요.

Most people are about as happy

as they make up their minds to be.

Most people are about as happy

as they make up their minds to be.

> **Step 2**   이번엔 혼자서 명언을 필기체로 두 번씩 써 보세요.

명언 속 주요 표현

- (about) as Adv. as S+V = (거의) ~가 ~하는 만큼 ~한
- (most) people = (대부분의) 사람들
- happy = 행복한
- make up one's mind = 마음먹다

20   년   월   일

*The opposite of courage is not cowardice;
it is conformity.*

- Rollo May -

The opposite of courage is not cowardice;
it is conformity.

- Rollo May -

용기의 반대는 겁쟁이가 아니라
순응이다.

- 롤로 메이 -

용기의 반대는 두려움이 아니라
바람에 휘말려 무심히 방향을 잃어버린 나뭇잎처럼
자기 자신을 잃어가는 것,
내 안의 불꽃을 흐릿하게 만드는 것입니다.
세상의 소리 대신, 내 마음의 울림을 따라
걷는 것이야말로 가장 강렬한 용기일 것입니다.

> **Step 1** 필기체로 쓰인 아래의 명언을 두 번씩 따라 써 보세요.

The opposite of courage is not cowardice;

it is conformity.

The opposite of courage is not cowardice;

it is conformity.

> **Step 2** 이번엔 혼자서 명언을 필기체로 두 번씩 써 보세요.

명언 속 주요 표현

- **A is not B, it is C** = A는 B가 아니라 C이다
- **the opposite of** = ~의 반대
- **courage** = 용기
- **cowardice** = (비)겁
- **conformity** = 순응, 따름

20   년   월   일

A person who never made a mistake never tried anything new.

- Albert Einstein -

A person who never made a mistake
never tried anything new.

- Albert Einstein -

실수를 한 번도 하지 않은 사람은
새로운 것을 시도해본 적이 없는 사람이다.

- 알베르트 아인슈타인 -

실수는 어둠 속에 피어난 별처럼
빛을 찾으려는 여정의 일부입니다.
아무리 부딪히고 넘어져도, 그 모든 순간들이
우리를 새로움을 향한 길로 이끕니다.
실패의 한 조각조차, 우리가 꿈꾸는
새로운 세계로 나아가는 작은 다리가 되어 줄 것입니다.

> **Step 1**   필기체로 쓰인 아래의 명언을 두 번씩 따라 써 보세요.

A person who never made a mistake

never tried anything new.

A person who never made a mistake

never tried anything new.

> **Step 2**   이번엔 혼자서 명언을 필기체로 두 번씩 써 보세요.

명언 속 주요 표현

- **a person who never V** = (절대) ~하지 않는 사람
- **make a mistake** = 실수하다
- **try** = 시도하다
- **anything** = 그 무엇(이든)
- **new** = 새로운

20   년   월   일

Don't let the fear of losing be greater than the excitement of winning.

- Robert Kiyosaki -

Don't let the fear of losing be greater than the excitement of winning.

- Robert Kiyosaki -

지지 않을까 하는 두려움이
이길 때의 설렘보다 커지게 하지 마라.

- 로버트 기요사키 -

우리는 종종 패배의 그림자에 갇혀 꿈의 날개를 접습니다.
하지만 그 그림자가 크면 클수록, 이는 곧
승리의 빛 또한 더 눈부시고 크다는 걸 뜻합니다.
패배는 끝이 아니라 승리를 향한 도전의 시작입니다.
그 승리의 순간을 향해 달려가는 것이야말로
진정한 힘이자 자유, 눈부신 용기일 것입니다.

Step 1 필기체로 쓰인 아래의 명언을 두 번씩 따라 써 보세요.

Don't let the fear of losing be greater than the excitement of winning.

Don't let the fear of losing be greater than the excitement of winning.

Step 2 이번엔 혼자서 명언을 필기체로 두 번씩 써 보세요.

명언 속 주요 표현

- **Don't let something V** = ~가 ~하게 (허락)하지 마라
- **fear** = 두려움
- **lose** = 지다
- **great** = (보통 이상으로) 큰
- **excitement** = 신남, 설렘
- **win** = 이기다

20   년   월   일

Don't be afraid to give up the good to go for the great.

- John D. Rockefeller -

Don't be afraid to give up the good
to go for the great.

- John D. Rockefeller -

좋은 것을 포기하고 위대한 것을 선택하는 것을
두려워하지 마라.

- 존 D. 록펠러 -

우리가 가진 확실한 '좋음'을 내려놓을 때,
그 자리에 불확실한 '위대함'이 들어설 수 있다는
믿음을 갖고 두려움을 떨쳐내야 합니다.
그렇게 한 걸음만 더 내디딜 용기가 있다면,
미지의 세계로 향하는 문이 열림과 동시에
우리가 꿈꿨던 위대한 풍경이 펼쳐질 것입니다.

Step 1 필기체로 쓰인 아래의 명언을 두 번씩 따라 써 보세요.

Don't be afraid to give up the good to go for the great.

Don't be afraid to give up the good to go for the great.

Step 2 이번엔 혼자서 명언을 필기체로 두 번씩 써 보세요.

명언 속 주요 표현

- **Don't be Adv.** = ~하지 마라
- **afraid to-V** = ~하는 것이 두려운
- **give up** = 포기하다
- **the good** = 좋은 것
- **go for** = ~을 (선)택하다
- **the great** = 위대한 것

35

A ship is safe in harbor,
but that's not what ships are for.

- John A. Shedd -

A ship is safe in harbor,
but that's not what ships are for.

- John A. Shedd -

배는 항구에 있을 때 안전하지만,
그것이 배의 존재 이유는 아니다.

- 존 아우구스투스 셰드 -

파도가 몰아치는 대양을 향해 떠날 때,
배는 비로소 그 존재의 심연을 마주합니다.
항구의 안전함은 그저 기다림일 뿐,
진정한 여행은 미지의 바다 위에서 펼쳐집니다.
우리 역시 세상의 거친 물결 속에서
비로소 내면에 숨겨진 날개를 펼치게 될 것입니다.

Step 1 필기체로 쓰인 아래의 명언을 두 번씩 따라 써 보세요.

A ship is safe in harbor,

but that's not what ships are for.

A ship is safe in harbor,

but that's not what ships are for.

Step 2 이번엔 혼자서 명언을 필기체로 두 번씩 써 보세요.

명언 속 주요 표현

- **ship** = 배
- **safe** = 안전한
- **harbor** = 항구
- **for** = ~을 위한 (이유)
- **that's not what S+V** = 그것이 ~이[가] ~하는 것은[이유는] 아니다

20   년   월   일

Better to die fighting for freedom than be a prisoner all the days of your life.

- Bob Marley -

Better to die fighting for freedom than
be a prisoner all the days of your life.

- Bob Marley -

자유를 위해 싸우다 죽는 것이
평생 감옥에 갇혀 사는 것보다 낫다.

- 밥 말리 -

자유를 갈망하는 자의 심장은 뛰는 법을 잊지 않습니다.
마지막 숨이 투쟁의 현장에서 멈출지라도
그 순간은 영원보다 찬란합니다.
몸은 쓰러질지라도, 영혼은 결코 무릎 꿇지 않습니다.
자유를 위해 흘린 땀과 피는 뜨겁게 땅에 스며들어
언젠가 또 다른 누군가의 날개가 되어 줄 것입니다.

Step 1 필기체로 쓰인 아래의 명언을 두 번씩 따라 써 보세요.

Better to die fighting for freedom than be a prisoner all the days of your life.

Better to die fighting for freedom than be a prisoner all the days of your life.

Step 2 이번엔 혼자서 명언을 필기체로 두 번씩 써 보세요.

명언 속 주요 표현

- **better to-V** = ~하는 것이 낫다
- **die (V-ing)** = (~하다) 죽다
- **all the days of one's life** = ~이[가] 살아있는 동안, ~의 평생
- **prisoner** = (감옥에 갇힌) 죄수
- **life** = 삶, 인생

20   년   월   일

Freedom is the right to tell people what they do not want to hear.

- George Orwell -

MP3_37

Freedom is the right to tell people what they do not want to hear.

- George Orwell -

자유는 사람들이 듣기 싫어하는 말을
할 수 있는 권리이다.

- 조지 오웰 -

자유란 어둠에 휩싸인 방에 돌멩이를 던지는 것과 같습니다.
돌멩이가 유리창을 깨뜨려 순간의 평화가 깨질지라도
깨어진 틈 사이로 빛이 들어와 결국 어둠을 몰아냅니다.
우리가 편안한 어둠 속에 안주하며 잠들지 않도록
용감하게 불씨를 내던지는 힘, 파장을 일으킬지라도
진실을 말할 수 있는 용기가 진정한 자유의 힘입니다.

Step 1 필기체로 쓰인 아래의 명언을 두 번씩 따라 써 보세요.

Freedom is the right to tell people what they do not want to hear.

Freedom is the right to tell people what they do not want to hear.

Step 2 이번엔 혼자서 명언을 필기체로 두 번씩 써 보세요.

명언 속 주요 표현

- **freedom** = 자유
- **right to-V** = ~할 수 있는 권리
- **tell** = 말하다
- **what S+V** = ~이[가] ~하는 것
- **do not want to-V** = ~하기 싫다
- **hear** = 듣다

20   년   월   일

The more freedom we enjoy,
the greater the responsibility we bear.

- Queen Elizabeth II -

The more freedom we enjoy,
the greater the responsibility we bear.

- Queen Elizabeth II -

우리가 누리는 자유가 클수록
우리가 짊어져야 할 책임도 커진다.

- 엘리자베스 2세 -

자유는 마치 방향키를 잡은 선장의 손과 같습니다.
파도가 잔잔할 땐 책임을 느끼기 어렵지만, 폭풍이 몰아칠 땐
그가 선택한 방향에 선원들의 삶이 달려 있습니다.
진정한 자유란 마음껏 누리기만 하는 권리가 아닙니다.
내게 주어진 권리 속에 올바른 선택을 할 수 있는
용기와 책임까지 품어야 진정한 자유입니다.

Step 1 필기체로 쓰인 아래의 명언을 두 번씩 따라 써 보세요.

The more freedom we enjoy,

the greater the responsibility we bear.

The more freedom we enjoy,

the greater the responsibility we bear.

Step 2 이번엔 혼자서 명언을 필기체로 두 번씩 써 보세요.

명언 속 주요 표현

- **freedom** = 자유
- **enjoy** = 즐기다[누리다]
- **great** = (보통 이상보다) 큰
- **responsibility** = 책임
- **bear** = (책임을) 지다

20   년   월   일

Those who deny freedom to others deserve it not for themselves.

- Abraham Lincoln -

Those who deny freedom to others deserve it not for themselves.

- Abraham Lincoln -

다른 이의 자유를 빼앗는 사람은
그 자신도 자유를 누릴 자격이 없다.

- 에이브러햄 링컨 -

타인에게 자유를 허락하지 않는 이는
창문을 닫아놓고 햇빛을 기대하는 것과 같습니다.
이는 타인의 세상만 어둡게 만드는 것이 아니라
스스로의 세상조차 어둠으로 채우는 어리석음입니다.
타인의 자유를 부정하고 억누르는 손은 결국
자신의 숨결마저 스스로 옥죄는 것임을 알아야 합니다.

> **Step 1** 필기체로 쓰인 아래의 명언을 두 번씩 따라 써 보세요.

Those who deny freedom to others

deserve it not for themselves.

Those who deny freedom to others

deserve it not for themselves.

> **Step 2** 이번엔 혼자서 명언을 필기체로 두 번씩 써 보세요.

명언 속 주요 표현

- **those who V** = ~하는 사람들
- **deny** = 부정하다
- **freedom** = 자유
- **others** = 다른 사람들[이들]
- **deserve** = (~을) 누릴 자격이 있다
- **themselves** = 그들 자신

20   년   월   일

Freedom, in any case, is only possible by constantly struggling to preserve it.

- Albert Einstein -

Freedom, in any case, is only possible by constantly struggling to preserve it.

- Albert Einstein -

자유는 어떠한 경우에도 그것을 지키기 위한 끊임없는 투쟁 속에서만 가능하다.

- 알베르트 아인슈타인 -

자유는 꺼트리지 않기 위채 계속 장작을 줘야 하는 '불꽃'입니다.
끊임없이 지키려는 그 노력 속에서만 자유는 그 가치를 드러내며,
멈추는 순간 자유는 서서히 손가락 사이로 빠져나갑니다.
자유란 지키기 위해 싸울 때에 진실로 존재할 수 있습니다.
싸움 없이 얻어진 자유는 신기루처럼 쉽게 사라지고,
지켜낸 자유는 우리의 영혼을 더욱 빛나게 합니다.

> **Step 1** 필기체로 쓰인 아래의 명언을 두 번씩 따라 써 보세요.

Freedom, in any case, is only possible by constantly struggling to preserve it.

Freedom, in any case, is only possible by constantly struggling to preserve it.

> **Step 2** 이번엔 혼자서 명언을 필기체로 두 번씩 써 보세요.

명언 속 주요 표현

- **freedom** = 자유
- **in any case** = 어떠한 경우에도
- **possible** = 가능한
- **constantly** = 끊임없이
- **struggle** = 투쟁하다
- **preserve** = 지키다

20   년   월   일

*If we do not maintain justice,
justice will not maintain us.*

- John Adams -

If we do not maintain justice,
justice will not maintain us.

- John Adams -

우리가 정의를 지키지 않으면,
정의도 우리를 지켜 주지 않을 것이다.

- 존 아담스 -

정의는 우리가 기댈 수 있는 든든한 나무입니다.
하지만 우리가 정의라는 나무의 뿌리를 돌보지 않으면
언젠가 그 나무는 서서히 시들어가며 쓰러져
우리를 보호할 그늘조차 남기지 않을 것입니다.
정의는 우리가 지키는 만큼 우리 곁에 머무릅니다.
그리고, 우리가 외면할 때 조용히 등을 돌립니다.

> **Step 1**　필기체로 쓰인 아래의 명언을 두 번씩 따라 써 보세요.

If we do not maintain justice,

justice will not maintain us.

If we do not maintain justice,

justice will not maintain us.

> **Step 2**　이번엔 혼자서 명언을 필기체로 두 번씩 써 보세요.

명언 속 주요 표현

- **if** = (만약) ~면
- **do not V** = ~하지 않다
- **maintain** = 유지하다, 지키다
- **will not V** = ~하지 않을 것이다
- **justice** = 정의
- **us** = 우리(를)

20   년   월   일

Our lives begin to end the day we become silent about things that matter.

- Martin Luther King Jr. -

Our lives begin to end the day we
become silent about things that matter.

- Martin Luther King Jr. -

우리가 중요한 것들에 대해 침묵하는 날,
우리의 삶은 끝나기 시작한다.

- 마틴 루터 킹 주니어 -

우리가 소중한 것들에 대해 침묵하는 순간
비겁한 고요함은 우리의 마음속 깊은 곳에 작은 균열을 만들고
그 틈에 스며든 침묵의 무관심은 영혼을 서서히 갉아 먹습니다.
말하지 않는 세상은 평화가 아닌 죽어가는 침체에 불과합니다.
목소리를 내야 우리는 다시 살아 숨 쉬기 시작하고
세상은 비로소 변화의 숨결로 물들 수 있습니다.

> **Step 1** 필기체로 쓰인 아래의 명언을 두 번씩 따라 써 보세요.

Our lives begin to end the day we become silent about things that matter.

Our lives begin to end the day we become silent about things that matter.

> **Step 2** 이번엔 혼자서 명언을 필기체로 두 번씩 써 보세요.

명언 속 주요 표현

- **life** = 삶, 인생
- **begin to-V** = ~하기 시작하다
- **end** = 끝나다
- **become** = (~하게) 되다
- **silent** = 조용한, 침묵하는
- **matter** = 중요하다, 문제되다

20   년   월   일

*It is not enough to be just;
one must be justly courageous.*

- Vera Brittain -

It is not enough to be just;
one must be justly courageous.

- Vera Brittain -

단지 정의롭기만 해서는 충분하지 않다,
정의롭게 용감해야 한다.

- 베라 브리튼 -

정의 없는 용기는 방향을 잃은 무모함일 뿐이며
용기 없는 정의는 말뿐인 이상일 뿐입니다.
진정한 정의는 두려움 앞에 움츠러들지 않고
불편한 진실조차 외면하지 않는 담대함 속에서 빛납니다.
정의롭되, 그 정의를 지키고자 흔들림 없는 용기를 내는 것,
그것이 우리가 추구해야 할 진정한 정의입니다.

Step 1 필기체로 쓰인 아래의 명언을 두 번씩 따라 써 보세요.

It is not enough to be just;

one must be justly courageous.

It is not enough to be just;

one must be justly courageous.

Step 2 이번엔 혼자서 명언을 필기체로 두 번씩 써 보세요.

명언 속 주요 표현

- **It is not enough to be Adv.** = ~이기만 해서는 충분하지 않다
- **just** = 공정한, 정의로운
- **justly** = 공정하게, 정의롭게
- **must be Adv.** = (꼭) ~이어야 한다
- **courageous** = 용감한

20   년   월   일

The law is not the law if it violates the principles of eternal justice.

- Lydia Maria Child -

The law is not the law if it violates
the principles of eternal justice.
- Lydia Maria Child -

법이 영원한 정의의 원칙을 어긴다면,
그것은 더 이상 법이 아니다.

- 리디아 마리아 차일드 -

법이란 단순히 글자로 적힌 규칙이 아닙니다.
사람들의 마음을 울리는 정의의 메아리여야 합니다.
법이 영원한 정의의 원칙을 위반한다면, 그것은 더 이상
우리를 보호하는 울타리가 아닌 억압의 굴레일 뿐입니다.
진정한 법은 차가운 판결문 속에 갇혀 있어선 안 됩니다.
약자의 눈물과 강자의 양심 속에 살아 숨 쉬어야 합니다.

> **Step 1** 필기체로 쓰인 아래의 명언을 두 번씩 따라 써 보세요.

The law is not the law if it violates

the principles of eternal justice.

The law is not the law if it violates

the principles of eternal justice.

> **Step 2** 이번엔 혼자서 명언을 필기체로 두 번씩 써 보세요.

명언 속 주요 표현

- **law** = 법
- **if** = (만약) ~면
- **violate** = 위반하다, 어기다
- **principle** = 원칙, 원리
- **eternal** = 영원한, 끊임없는
- **justice** = 정의

20   년   월   일

The best way to find yourself is
to lose yourself in the service of others.

- Mahatma Gandhi -

The best way to find yourself is
to lose yourself in the service of others.

- Mahatma Gandhi -

자신을 찾는 가장 좋은 방법은
타인을 위해 헌신하는 데 자신을 잃는 것이다.

- 마하트마 간디 -

타인의 기쁨이 내 심장을 두드릴 때, 그 떨림 속에서
우리는 스스로가 얼마나 빛나는 존재인지 깨닫게 됩니다.
자신을 찾고 싶다면 타인의 삶 속에 과감히 뛰어들어 보세요.
누군가의 짐을 덜어 주며 흘린 그 귀한 땀방울로부터
우리의 마음속 깊은 곳에 있던 사랑과 공감을 마주하며
거울처럼 맑은 자신의 모습을 발견하게 될 것입니다.

> **Step 1**   필기체로 쓰인 아래의 명언을 두 번씩 따라 써 보세요.

The best way to find yourself is

to lose yourself in the service of others.

The best way to find yourself is

to lose yourself in the service of others.

> **Step 2**   이번엔 혼자서 명언을 필기체로 두 번씩 써 보세요.

명언 속 주요 표현

- **the best way to-V** = ~하는 가장 좋은 방법
- **find** = 찾다, 발견하다
- **lose** = 잃다
- **in the service of** = ~에 대해 봉사하는[헌신하는]

The greatest pleasure in life is doing what people say you cannot do.

- Walter Bagehot -

The greatest pleasure in life is
doing what people say you cannot do.

- Walter Bagehot -

인생에서 가장 큰 기쁨은
사람들이 못 할 거라 말한 일을 해내는 것이다.

- 월터 배젓 -

삶에서 가장 짜릿한 순간은 한계를 넘어설 때 찾아옵니다.
"넌 못 할 거야"라는 남들의 의심 속에서 움튼 용기는
불가능을 가능으로 바꾸는 불씨가 되고, 결국 우리는
그들이 결코 예상 못한 빛나는 순간에 도달할 것입니다.
남들의 한계가 아닌, 나만의 가능성으로 길을 여는 것,
그것이 진정한 인생의 기쁨입니다.

Step 1 필기체로 쓰인 아래의 명언을 두 번씩 따라 써 보세요.

The greatest pleasure in life is

doing what people say you cannot do.

The greatest pleasure in life is

doing what people say you cannot do.

Step 2 이번엔 혼자서 명언을 필기체로 두 번씩 써 보세요.

명언 속 주요 표현

- **great** = (보통 이상으로) 큰
- **pleasure** = 기쁨
- **what S+V** = ~이[가] ~하는 것
- **people** = 사람들
- **say** = 말하다
- **cannot V** = ~할 수 없다

20   년   월   일

Your time is limited, so don't waste it living someone else's life.

- Steve Jobs -

Your time is limited, so don't waste it living someone else's life.

- Steve Jobs -

당신의 시간은 한정적이다.
그러니 남의 삶을 사느라 그것을 낭비하지 마라.

- 스티브 잡스 -

남의 시선에 맞추느라 나의 색을 잃어버리는 순간
우리는 우리 자신만의 이야기를 잊게 되고 맙니다.
세상의 목소리보다 내 마음의 속삭임에 귀 기울일 때
비로소 진짜 나로 살아가는 길이 열립니다.
한정된 시간을 남의 삶의 배경으로 쓰지 마세요.
삶이라는 캔버스를 오롯이 당신만의 색으로 채워 가세요.

Step 1 필기체로 쓰인 아래의 명언을 두 번씩 따라 써 보세요.

Your time is limited, so don't waste it

living someone else's life.

Your time is limited, so don't waste it

living someone else's life.

Step 2 이번엔 혼자서 명언을 필기체로 두 번씩 써 보세요.

명언 속 주요 표현

- **limited** = 한정적인, 제한된
- **waste** = 낭비하다
- **waste it V-ing** = ~하느라 그것을 낭비하다
- **live** = 살다
- **someone else** = 다른 어떤 사람

20   년   월   일

To live is the rarest thing in the world.
Most people exist, that is all.

- Oscar Wilde -

To live is the rarest thing in the world.
Most people exist, that is all.

- Oscar Wilde -

사는 것은 세상에서 가장 드문 일이다.
대부분의 사람들은 그저 존재할 뿐이다.

- 오스카 와일드 -

대부분의 사람들은 단지 숨 쉬고
하루를 흘려보내며 '존재'만 할 뿐입니다.
하지만 진정으로 '산다'는 것은 매 순간을 사랑하고,
두려움 없이 꿈꾸며, 마음속 깊은 곳에서 울려 퍼지는
삶의 목소리에 귀 기울이는 것입니다. 단순한 '존재'를 벗어나
자신만의 색으로 세상을 물들이는 것, 그것이 진짜 삶입니다.

> **Step 1** 필기체로 쓰인 아래의 명언을 두 번씩 따라 써 보세요.

To live is the rarest thing in the world.

Most people exist, that is all.

To live is the rarest thing in the world.

Most people exist, that is all.

> **Step 2** 이번엔 혼자서 명언을 필기체로 두 번씩 써 보세요.

명언 속 주요 표현

- **rare** = 드문
- **the rarest thing** = 가장 드문 것[일]
- **in the world** = 세상에서
- **exist** = 존재하다
- **(most) people** = (대부분의) 사람들
- **that is all** = 그게 전부이다

20   년   월   일

Live as if you were to die tomorrow.
Learn as if you were to live forever.

- Mahatma Gandhi -

Live as if you were to die tomorrow.
Learn as if you were to live forever.

- Mahatma Gandhi -

내일 죽을 것처럼 살아라.
영원히 살 것처럼 배우라.

- 마하트마 간디 -

오늘이 끝인 줄 알고 뛰는 심장은 매 순간 불꽃처럼 타오릅니다.
그리고 영원이 있다고 믿는 마음은 지식을 별처럼 수놓습니다.
하루의 끝과 영원의 시작이 맞닿는 그 순간,
우리는 시간을 쥐고 춤추는 여행자가 됩니다.
죽음 앞에서도 삶을 갈망하고 끝없는 시간 속에서도
배움을 멈추지 않는 것, 그것이 진정 멋진 삶 아닐까요?

Step 1 필기체로 쓰인 아래의 명언을 두 번씩 따라 써 보세요.

Live as if you were to die tomorrow.

Learn as if you were to live forever.

Live as if you were to die tomorrow.

Learn as if you were to live forever.

Step 2 이번엔 혼자서 명언을 필기체로 두 번씩 써 보세요.

명언 속 주요 표현

- **as if** = (마치) ~인 것처럼
- **live** = 살다
- **Live/Learn as if you were to-V** = ~할 것처럼 살아라/배워라
- **learn** = 배우다
- **forever** = 영원히

20   년   월   일

*Don't be afraid your life will end;
be afraid that it will never begin.*

- Grace Hansen -

Don't be afraid your life will end;
be afraid that it will never begin.

- Grace Hansen -

삶이 끝나는 것을 두려워하지 말고,
삶이 시작되지 않는 것을 두려워하라.

- 그레이스 한센 -

아직 오지 않은 끝을 걱정하느라
지금 이 순간, 가슴 뛰는 시작을 놓치고 있는 건 아닐까요?
삶은 기다려 주는 법이 없습니다. 두려움을 떨치고
첫걸음을 내딛는 순간, 비로소 우리는 진짜 살아있음을 느낍니다.
가장 용기 있는 선택은 완벽한 순간을 기다리는 것이 아니라
불완전한 지금을 끌어안고 삶을 시작하는 것일지 모릅니다.

Step 1 필기체로 쓰인 아래의 명언을 두 번씩 따라 써 보세요.

Don't be afraid your life will end;

be afraid that it will never begin.

Don't be afraid your life will end;

be afraid that it will never begin.

Step 2 이번엔 혼자서 명언을 필기체로 두 번씩 써 보세요.

명언 속 주요 표현

- **Don't be Adv.** = ~하지 마라
- **afraid** = 두려워하는
- **Don't be afraid (that)** = ~을 두려워하지 마라
- **never V** = (절대) ~하지 않다
- **begin** = 시작하다